Markus Klein

Der große
BASKETBALL
ADVENTSKALENDER

Mit faszinierenden NBA-Fakten und Bildern bis Weihnachten

LeBron James - 28. September 2012

Obwohl er operiert wurde, um seine Kurzsichtigkeit zu korrigieren, trug Horace Grant während seiner NBA-Karriere weiterhin seine Brille auf dem Spielfeld, nachdem er von Eltern gehört hatte, dass er ein Vorbild für Kinder mit Brille sei.

Der erste nicht-weiße Spieler in der NBA war Wataru Misaka, ein 1,70 m großer japanisch-amerikanischer Point Guard. Er wurde 1947 gedraftet.

Ikola Jokic (15) von den Denver Nuggets und Serge Ibaka (9) von den LA Clippers am 26. Dezember 2021

MEINE WUNSCHLISTE
FÜR WEIHNACHTEN

Nachdem der Besitzer der Dallas Mavericks, Mark Cuban, gesagt hatte, dass NBA-Schiedsrichter-Manager Ed Rush "nicht einmal in der Lage wäre, ein Dairy Queen zu managen", nahm das Management von Dairy Queen Anstoß daran und bot Cuban an, einen Tag lang ein Dairy Queen zu leiten. Cuban akzeptierte.

In einer Umfrage aus dem Jahr 2013 sprachen sich 91 % der Chinesen für ein landesweites Verbot des Handels mit Haifischflossen aus, was vor allem auf die Kampagne des ehemaligen NBA-Spielers Yao Ming zurückzuführen ist.

Los Angeles Lakers Stürmer LeBron James während eines NBA-Basketballspiels am 3. März 2022

WAS ICH MIR FÜRS NÄCHSTE JAHR VORNEHME

Aufgrund einer schweren Rückenverletzung verbrachte Larry Bird jede Minute, in der er nicht Basketball spielte, in einem Ganzkörpergips, um seine letzte Saison zu überstehen. Als er sich schließlich am Ende des Jahres zurückzog, brachte er den Gips hinter sein Haus und sprengte ihn mit einer Schrotflinte in die Luft.

Reggie Miller, NBA Hall of Famer, konnte in der High School nicht aus dem Schatten seiner älteren Schwester Cheryl treten. Am 26. Januar 1982 erzielte er mit 40 Punkten ein Career-High. Auf der Autofahrt nach Hause versuchte er, damit zu prahlen, doch dann erfuhr er, dass Cheryl am gleichen Tag 105 Punkte erzielt und 8 nationale Rekorde gebrochen hatte.

15. November 2019, Los Angeles, Kalifornien, U.S.:
Los Angeles Lakersâ

DAVON LASS ICH MICH NÄCHSTES
JAHR NICHT MEHR STRESSEN

Michael Jordan sagte, der größte Vorteil, im olympischen Dream Team von 1992 zu spielen, sei gewesen, dass er mehr über die Schwächen seiner Teamkollegen gelernt habe. Später besiegte er Barkley, Malone und Stockton in drei NBA-Finals.

Nachdem Nike 1985 die Air-Jordan-Turnschuhe auf den Markt gebracht hatte, verbot die NBA Michael Jordan, sie zu tragen, weil die Farben nicht zur Uniform seines Teams passten. Nike zahlte angeblich die Geldstrafe von 5000 Dollar, die die NBA von Jordan pro Spiel verlangte, damit er sie weiterhin trug.

Boston Celtics vs Los Angeles Lakers 1985
NBA Basketball Finals

DAS MUSS ICH UNBEDINGT VOR WEIHNACHTEN NOCH ERLEDIGEN

Der ehemalige NBA-Spieler und gläubige Mormone Shawn Bradley wurde einmal mit einer Geldstrafe von 10 000 Dollar belegt, weil er nicht zu einem obligatorischen Teamtreffen in einem Strip-Club erschienen war.

Der NBA-Spieler Allen Iverson unterzeichnete 2001 einen lebenslangen Werbevertrag mit Reebok, der ihm bis zu seinem 55. Lebensjahr jährlich 800.000 Dollar einbringt, um dann eine letzte Pauschalzahlung von 32.000.000 Dollar zu erhalten.

22.06.2021 Deutsche Herren Nationalmannschaft
Dennis Schröder

DAS WAR DIESES JAHR

GANZ TOLL

Obwohl ihm geraten wurde, nach einem Jahr College in die NBA einzutreten, beschloss Tim Duncan, noch drei weitere Jahre die Schule zu besuchen, da er seiner Mutter auf dem Sterbebett versprochen hatte, seinen College-Abschluss zu machen. Dieser Schritt zahlte sich aus, da er von den Spurs gedraftet wurde und mit ihnen 5 Meisterschaften gewann.

Der zweitreichste ehemalige NBA-Spieler nach Michael Jordan ist Junior Bridgeman mit einem Nettovermögen von über 600 Millionen Dollar. Er arbeitete nebenbei bei Wendy's, um das Geschäft zu erlernen und besaß schließlich über 100 Franchises.

11. Oktober 2021: Precious Achiuwa (5) von den Toronto Raptors trifft gegen Daniel Theis (27) von den Houston Rockets

DIESEN MENSCHEN MÖCHTE ICH NOCH ETWAS GUTES TUN

Antoine Walker hat während seiner NBA-Karriere 108 Millionen Dollar verdient und meldete 2010, nur zwei Jahre nach seinem Rücktritt aus der NBA, Konkurs an.

Physiker haben bewiesen, dass der "Granny-style" die absolut beste Technik ist, um konstant Punkte von der Freiwurflinie zu erzielen.

Wenn Sie ein über 2,13m großer amerikanischer Mann zwischen 20 und 40 Jahren sind, besteht eine 17%ige Chance, dass Sie derzeit in der NBA spielen.

27. Dezember 2021: James Harden von den Brooklyn Nets vs Luke Kennard von den Los Angeles Clippers

WEM ICH DIESES JAHR UNBEDINGT EINE WEIHNACHTSKARTE SCHICKEN MUSS

Als ein 2,13m großer NBA-Spieler namens Reggie Harding versuchte, eine Tankstelle in Detroit mit einer Maske auszurauben, sagte der Tankwart: "Ich weiß, dass du es bist, Reggie", woraufhin er antwortete: "Nein, ich bin es nicht".

Als der zukünftige NBA-Spieler Manute Bol - mit einer Größe von 2,31m einer der größten Spieler aller Zeiten - im Alter von 19 Jahren aus dem Sudan in die USA zog, um dort zu studieren, war sein Pass fragwürdig und gab seine Größe mit 1,57m an. Er sagte, sudanesische Beamte hätten seine Größe im Sitzen gemessen.

LeBron James startet einen Fastbreak nach einem Steal von CJ McCollum von den Portland Trail Blazers während der ersten Hälfte des NBA, im Staples Center in Los Angeles am 28. Dezember 2020. Die Trail Blazers besiegten die Lakers mit 115-107.

MIT WEM ICH DIESES JAHR UNBEDINGT EIN WEIHNACHTSESSEN MACHEN MÖCHTE

In den 1990er Jahren baten die New Jersey Nets die NBA, ihren Namen in Swamp Dragons zu ändern. Die Liga gab 500.000 Dollar aus, um den Namen zu schützen. Die NBA-Besitzer stimmten mit 26:1 Stimmen für die Änderung. Die Nets waren die einzige Gegenstimme, da sie ihre Meinung geändert hatten.

Der ehemalige NBA-Star Dr. Shaquille O'Neal besitzt 10 % aller "Five Guys Burgers"-Restaurants in den USA.

Detroit Pistons Center Isaiah Stewar während eines Spiels zwischen den Detroit Pistons und den Los Angeles Clippers am 11. April 2021

WELCHE GEMEINNÜTZIGE ORGANISATION MÖCHTE ICH UNTERSTÜTZEN?

Michael Jordan verdient aktuell jedes Jahr mehr Geld, als er in seiner gesamten 15-jährigen NBA-Karriere an Gehalt verdient hat.

Vor etwa 30 Jahren zog die NBA-Legende Spencer Haywood eine Vorauszahlung von 100 000 Dollar einer 10%igen Beteiligung an Nike vor. Hätte er das ursprüngliche Angebot angenommen, wären seine Anteile an Nike heute satte 8,62 Milliarden Dollar wert.

Celtics vs Spurs ,08. Januar.2020

DIESE PLÄTZCHEN WOLLTE ICH DIESES JAHR UNBEDINGT BACKEN

1994 brachte der NBA-MVP Hakeem Olajuwon einen 35-Dollar-Sneaker heraus, anstatt Schuhe von Nike oder Reebok zu unterstützen. Er begründete dies so: "Wie kann eine arme, arbeitende Mutter mit drei Jungen Nikes oder Reeboks kaufen, die 120 Dollar kosten?...Sie kann es nicht. Also klauen die Kinder diese Schuhe aus Geschäften und von anderen Kindern. Manchmal töten sie dafür."

Der NBA-Spieler Shaquille O'Neal hat in seiner gesamten 19-jährigen Karriere nur Einen Dreipunktwurf von 22 Versuchen gemacht.

Chicago Bulls Scottie Pippen und
Michael Jordan, April 1990

MIT WEM ICH DIESES JAHR UNBEDINGT NOCH AUF DEN WEIHNACHTSMARKT GEHEN WILL

1978 rettete der damalige NBA-Center Clifford Ray einem Delfin das Leben, indem er eine Schraube, die der Delfin verschluckt hatte, mit seinem 1.15m langen Arm packte. Er erhielt per Telefon Anweisungen von einem Tierarzt, der ihm sagte, wie er nach oben und in den zweiten Magen des Delfins greifen musste, um die Schraube herauszuziehen.

Larry Bird ist der einzige Spieler in der Geschichte der NBA, der zum Rookie des Jahres, zum MVP , zum MVP der NBA-Finals, zum All-Star MVP, zum Trainer des Jahres und zum Manager des Jahres gewählt wurde.

Der durchschnittliche NBA-Spieler hat ein Verhältnis von Flügelspannweite zu Körpergröße, das größer ist als die Diagnosekriterien für das Marfan-Syndrom, eine Krankheit, die zu abnorm langen Gliedmaßen führt.

Denver Nuggets-Center Nikola Jokic (15) dribbelt, während
Chicago Bulls-Forward Thaddeus Young (21) am 1. März 2021

DIESE SERIEN WILL ICH DIESE WEIHNACHTEN ANSCHAUEN

Während der Dreharbeiten zum Film "Space Jam" baute Warner Brothers eine Turnhalle, die den Spitznamen "Jordan Dome" erhielt. MJ nutzte sie, um sich für seine Rückkehr in Form zu bringen, indem er gegen andere NBA-Spieler und Prominente antrat.

Eric Money war der einzige Spieler, der in einem NBA-Spiel für beide Teams punktete. Das Spiel zwischen den Nets und den 76ers wurde ab dem dritten Viertel abgebrochen und musste wiederholt werden. In der Zeit zwischen dem ursprünglichen und dem wiederholten Spiel wurde Money zu den 76ers gewechselt und erzielte dadurch im selben Spiel für beide Teams Punkte.

03.07.2021:
Olympia-Qualifikation Deutschland - Kroatien

WICHTELNOTIZEN

Tim Duncan (14-facher NBA-All-Star) begann als Schwimmer und fing erst in der neunten Klasse an, Basketball zu spielen, nachdem der Hurrikan Hugo das einzige olympische Schwimmbecken in seiner Heimat St. Croix auf den US-Jungferninseln zerstört hatte.

Das durchschnittliche Jahresgehalt eines professionellen NBA-Cheerleaders beträgt 56.000 Dollar.

NBA-Star Brian Williams, der nach dem Ende seiner Basketballkarriere seinen Namen in Bison Dele änderte, reiste um die Welt und erlebte Abenteuer. Nachdem er segeln gelernt hatte, kaufte er einen Katamaran und segelte von Hawaii nach Tahiti. Er wurde nie wieder gesehen.

Brooklyn Nets Guard Kyrie Irving während eines Spielsgegen die Los Angeles Clippers am 21. Februar 2021

WIE ICH MEINE WOHNUNG WEIHNACHTLICH SCHMÜCKEN KANN

Ein Entwickler des Arcade-Hits NBA JAM hat das Spiel absichtlich so programmiert, dass, wenn man als Bulls gegen seine Pistons spielt, die Trefferquote runter geht, besonders gegen Ende eines engen Spiels. Der Entwickler ist ein Detroit Pistons Fan.

Die Boston Celtics-Legende Bob Cousy lehnte 1950 ein Hotelzimmer ab, als seinem Mannschaftskameraden und ersten Afroamerikaner in der NBA, Chuck Cooper, aufgrund der damaligen Rassentrennungspolitik in Charlotte NC ein Zimmer verweigert wurde. Cousy bestand stattdessen darauf, mit Cooper in einem überfüllten Nachtzug zu reisen.

Detroit Pistons-Guard Delon Wright gewinnt die Kontrolle über den Ball nach einem versuchten Steal von Los Angeles Lakers-Point Guard Dennis Schroder

NOTIZEN

Der betrunkene Fahrer, der den NBA-Star Malik Sealy tötete, wurde nach dem tödlichen Unfall noch zweimal wegen Trunkenheit am Steuer festgenommen.

Innerhalb von fünf Jahren nach ihrer Pensionierung sind schätzungsweise 60 % der ehemaligen NBA-Spieler pleite.

26. Februar 2021: Damian Lillard 0 von den Portland Trailblazers legt einen Layup.

MEINE TO-DO-LISTE FÜR DAS KOMMENDE JAHR

Kareem Abdul-Jabbar ist ein NBA Hall of Famer und 19-facher NBA All Star. Er ist auch ein Bestsellerautor, Schauspieler und Filmemacher. Er war früher US-Kulturbotschafter, erhielt die Double Helix Medal für seine Arbeit in der Krebsforschung und wurde 2016 mit der Presidential Medal of Freedom ausgezeichnet.

Kobe Bryant hält den Rekord für die meisten Fehlwürfe in der NBA.

NBA-Spieler stammen in der Regel nicht aus armen Verhältnissen. Entgegen des Klischees ist das Aufwachsen in einem wohlhabenderen Viertel ein wichtiger, positiver Prädiktor für den Aufstieg in die NBA.

05.08.2017: Nationalmannschaft Herren im Länderspiel Deutschland - Belgien - im Bild: Isaiah Hartenstein

WAS ICH MEINEN FREUNDE ZU WEIHNACHTEN SCHENKEN KÖNNTE:

Nur 0,03 % der High-School-Basketballspieler schaffen es in die NBA, und nur 0,003 % spielen länger als 4 Jahre auf diesem Niveau.

Der berühmt-berüchtigte NBA-Schiedsrichter Joey Crawford warf den Starspieler Tim Duncan aus dem Spiel, nur weil dieser leise lachte, während er auf der Bank saß. Crawford wurde zu einer Geldstrafe von 100 000 Dollar verurteilt und für den Rest der Saison gesperrt (und später wieder eingesetzt).

17. Oktober 2017 - Gordon Hayward von den
Boston Celtics

MEINE WEIHNACHTS-PLAYLIST

Der NBA-Spieler Jusuf Nurkic wurde entdeckt, als ein Sportagent einen Zeitungsartikel über seinen 2,13m m großen und 180kg schweren Vater las. In dem Artikel hieß es: "Der bosnische Polizist Hariz Nurkic hat in einer Schlägerei 14 Menschen verprügelt." Der Sportagent fand den Vater und fragte ihn, ob er einen Sohn habe. Jusuf war erst 14 Jahre alt.

Dennis Rodman versuchte, ein Trikot mit der Nummer 69 zu tragen, aber David Stern und die NBA lehnten dies ab.

1. März 2020:
Giannis
Antetokounmpo
vom Team Giannis

WEM ICH SCHON IMMER MAL ETWAS VERZEIHEN WOLLTE

Als Wilt Chamberlain der erste NBA-Spieler wurde, der 100.000 Dollar verdiente, verlangte sein langjähriger Rivale Bill Russel, dass sein eigenes Gehalt auf 100.001 Dollar erhöht wird. Sein Gehalt wurde sofort angehoben.

Darko Milicic, der in der NBA-Draft 2003 an zweiter Stelle gewählt wurde (vor Carmelo Anthony, Dwyane Wade und Chris Bosh), ist heute Apfelbauer in Serbien.

1. April 2019: Portland Trailblazers Meyers Leonard dunkt im zweiten Viertel gegen die Minnesota Timberwolves

MEINE LIEBLINGSMOMENTE
DIESES JAHR

NBA-Star Bill Laimbeer stammte aus einer sehr wohlhabenden Familie. Bevor er eine Gehaltserhöhung erhielt, behauptete der Basketballspieler: "Ich bin der einzige Spieler in der NBA, der weniger Geld verdient als sein Vater".

Bis 1966 gab es in der NBA Territorial Draft Picks. Ein Team konnte auf seinen Erstrundenpick verzichten und einen beliebigen Spieler aus einem Umkreis von 50 Meilen um seinen Standort nehmen. Wilt Chamberlain und Oscar Robertson wurden so in die Liga geholt.

14. Mai 2014: Brooklyn Nets-Forward Paul Pierce (34) gegen Miami Heat-Guard Ray Allen (34) und Miami Heat-Forward Rashard Lewis (9)

WANN KANN ICH EINEN WELLNESSTAG EINLEGEN?

Die Harlem Globetrotters spielten eine zentrale Rolle bei der Integration der NBA. In den Jahren 1948 und 1949 besiegte das rein schwarze Team die Minneapolis Lakers, die Meister der rein weißen NBL. Die ersten schwarzen NBA-Spieler kamen von den Globetrotters, und auch Wilt Chamberlain spielte für sie, bevor er Profi wurde.

1977 schlug der NBA-Spieler Kermit Washington seinen Gegner Tomjanovich so heftig, dass dieser eine Operation zur Gesichtsrekonstruktion benötigte. Der Schaden war so groß, dass Tomjanovich schmeckte, wie Rückenmarksflüssigkeit in seinen Mund lief und sich die Knochenstruktur seines Gesichts von seinem Schädel löste.

Joakim Noah (ehemaliger Basketballspieler)

GEDANKEN

Michael Jordan hatte bei seinem berüchtigten "Grippespiel" in den NBA-Finals 1997 gegen die Jazz nicht wirklich die Grippe. Es wird vermutet, dass der Pizzabote seine spätabendliche Pizza vergiftet hatte. Jordan spielte 44 Minuten und erzielte 38 Punkte, um den Sieg zu erringen.

NBA-Spieler Vince Carter hat mindestens ein NBA-Spiel mit 37 % der Spieler bestritten, die jemals in der NBA gespielt haben.

22. November 2019: Houston Rockets Guard James Harden 13 gegen Los Angeles Clippers Guard Patrick Beverley

LETZTE VORBEREITUNGEN

Der ehemalige NBA-Spieler Randy Foye leidet an einer Krankheit namens "Situs inversus", bei der alle seine Organe von ihrer normalen Position verdreht sind, litt aber in seiner Karriere unter keinen Komplikationen.

David Robinson wuchs während seines Studiums an der Marine-Akademie so viel (2,13m bei Abschluss), dass er nicht zur See hätte dienen können, was einer Karriere in der US-Marine im Wege stand. Statt die Akademie zu verlassen, wurde er als Kompromiss dem Landdienst als Ingenieur zugewiesen, bevor er ein Basketball-Superstar in der NBA wurde.

25. September 2017: Dallas Mavericks-
Stürmer Dirk Nowitzki